INSTRUCTION
SUR LE SERVICE
QUE LES
REGIMENS DE CAVALERIE
DEVRONT FAIRE
DANS LES
CAMPS QUI S'ASSEMBLERONT
pendant la présente année 1755.

Du 22 Juin 1755.

A PARIS,
DE L'IMPRIMERIE ROYALE.

M. DCCLV.

TABLE

Des Titres contenus dans l'Instruction du 22 juin 1755, sur le service que les régimens de Cavalerie devront faire dans les Camps qui s'assembleront pendant la présente année 1755.

INSTRUCTION

22. juin 1755.

INSTRUCTION

Sur le ſervice que les Régimens de Cavalerie devront faire dans les Camps qui s'aſſembleront pendant la préſente année 1755.

Du 22 Juin 1755.

DU CAMPEMENT.

ARTICLE PREMIER.

LES Meſtre-de-camps des régimens qui ont eu ordre de ſe tenir prêts à camper, auront ſoin qu'ils ſoient pourvûs de tout ce qui eſt néceſſaire à cet effet.

II.

IL y aura ſix tentes égales par compagnie; ſavoir, une pour le Maréchal-des-logis, & cinq pour les Cavaliers, à raiſon de ſix hommes par chambrée.

III.

LES chambrées ſeront compoſées d'anciens & de nouveaux Cavaliers.

IV.

CHAQUE chambrée ſera pourvûe d'une marmite, *Marmites & outils.*

d'une gamelle, d'un barril, d'une pelle, d'une pioche, d'une hache & d'une ſerpe.

V.

Manteau d'armes.

Il y aura un manteau d'armes par régiment, pour couvrir les armes des Cavaliers de la garde des étendards.

V I.

Cordeaux & fiches.

Il y aura un cordeau par eſcadron, de cinquante-ſix pas de longueur, pour marquer le front du camp, & un autre de trente-ſix pas, pour en marquer la profondeur : ces cordeaux ſeront diviſés par toiſes & demi-toiſes.

Il y aura auſſi par compagnie deux fiches blanches de ſept pieds de haut, ferrées par un bout, & ayant à l'autre une banderole des mêmes couleurs du galon affecté à chaque régiment.

V I I.

Avis de l'arrivée.

Quand le régiment arrivera dans le lieu le plus à portée de celui où il devra camper, celui qui le commandera donnera avis de ſon arrivée au Commandant du camp, & à l'Intendant.

V I I I.

Détachement pour aller marquer le camp.

Le Commandant du régiment fera partir à l'avance pour aller au campement, un Officier major avec un Maréchal-des-logis par eſcadron, un Brigadier & un Cavalier par compagnie.

I X.

Les Maréchaux-des-logis ſeront munis des cordeaux, & les Brigadiers des fiches ci-deſſus indiqués.

X.

Aucun autre que les Officiers, Maréchaux-des-logis, Brigadiers & Cavaliers, commandés pour le campement, n'y marchera avec eux, à moins d'un ordre contraire.

X I.

Diſtribution du terrein.

Quand l'alignement du camp aura été réglé ſur des points de vûe donnés, l'aîle droite ou l'aîle gauche de Cavalerie (ſelon le côté par lequel on devra commencer) marquera ſon camp; & quand l'Infanterie aura marqué le ſien, l'autre aîle continuera de même, laiſſant cinquante pas d'intervalle entre le camp de l'Infanterie & le ſien.

XII.

Le Maréchal-général-des-logis de la Cavalerie distribuera aux Majors des brigades de ce corps, le terrein qui lui aura été désigné; & ceux-ci le distribueront à chaque régiment & escadron.

XIII.

Les Majors de l'aîle de la Cavalerie qui marquera son camp la dernière, suivront l'alignement de l'Infanterie, à moins qu'il n'eût été ordonné de faire un coude.

XIV.

Les Camps des escadrons d'un même régiment ou d'une même brigade, seront marqués dans le même ordre qu'ils devront être en bataille.

XV.

Intervalles.

On laissera six pas d'intervalle entre le camp de chaque régiment, & trente pas d'une brigade à l'autre.

XVI.

Place des tentes des Cavaliers.

Lorsque le cordeau du front du camp de l'escadron aura été tendu, on marquera la place de la fourche des premières tentes de chaque compagnie, de manière que les tentes des deux compagnies du centre de l'escadron qui seront adossées, occupent onze pas ou trente-trois pieds, y compris la ruelle pour l'écoulement des eaux, & qu'il y ait dix-huit pas ou cinquante-quatre pieds entre les tentes des compagnies qui se feront face.

XVII.

Le cordeau qui devra marquer la profondeur du camp, sera placé perpendiculairement à celui du front, sur l'alignement que la première compagnie devra former, auquel les autres compagnies se conformeront.

XVIII.

On laissera sept pas ou vingt-un pieds entre les fourches des tentes de chaque compagnie.

XIX.

Place des piquets des chevaux.

Les piquets des chevaux seront plantés trois pas en avant des fourches des tentes: le premier sera mis vis-à-vis de celle de la tente du Maréchal-des-logis; & on laissera un intervalle entre les chevaux de chaque chambrée, pour le paſſage des Cavaliers.

X X.

Place des fourrages. L'ON mettra les fourrages dans l'intervalle des tentes de chaque compagnie; & la dernière chambrée, pour éviter les accidens du feu, à cauſe de la proximité des cuiſines, les mettra entre ſa tente & celle de la chambrée précédente.

X X I.

Place des cuiſines & des forges. LES places des cuiſines ſeront à quinze pas de la dernière tente des Cavaliers; & les ſorges ſeront placées ſur le même alignement.

X X I I.

Des Vivandiers. CELLES des tentes des Vivandiers, à dix pas des cuiſines.

X X I I I.

Des tentes des Officiers. CELLES des tentes des Lieutenans, à vingt pas de celles des Vivandiers, & celles des Capitaines à vingt pas de celles des Subalternes.

X X I V.

A l'égard des tentes des Officiers ſupérieurs des régimens, elles ſeront trente pas en arrière de celles des Capitaines; ſavoir, celle du Meſtre-de-camp, vers le centre du régiment; celle du Lieutenant-colonel, à la gauche de celle du Meſtre-de-camp; & celles du Major & de l'Aide-major, à la gauche, & un peu en arrière de celles du Meſtre-de-camp & du Lieutenant-colonel: obſervant, que quand le régiment ſera campé par ſa gauche, les tentes du Lieutenant-colonel & des Officiers majors devront être ſur la droite de celle du Meſtre-de-camp.

X X V.

LES portes de toutes ces tentes ſeront tournées du côté du camp; & afin qu'elles ſoient alignées ſur celles des Cavaliers, ainſi que les cuiſines & les forges, l'Officier major qui ſera marquer le camp, aura attention qu'il ſoit mis des fiches qui indiquent cet alignement.

22 Juin 1755

31.

X X V I.

Resserrer ou élargir le camp.

Si l'on se trouve dans l'obligation de resserrer ou d'étendre le camp, on diminuera ou on augmentera les intervalles entre les régimens & les brigades, & entre la Cavalerie & l'Infanterie: on pourra aussi élargir les rues des chevaux; mais on n'augmentera ni ne diminuera jamais l'intervalle entre les tentes adossées.

X X V I I.

Passage par les grands intervalles.

Le camp étant marqué, les Majors ordonneront aux Maréchaux-des-logis & Brigadiers de campement, d'empêcher que les troupes & les équipages ne passent ailleurs que dans les grands intervalles.

X X V I I I.

Logement du Brigadier & du Major de brigade.

Lorsque les marqueurs du camp auront marqué les maisons qui devront être occupées dans le voisinage, s'il en reste dans le terrein d'une brigade qui n'aient point été marquées par eux, il sera permis au Brigadier, & après lui au Major de brigade, d'y loger; mais au défaut de maisons dans ledit terrein, ces Officiers seront obligés de camper à la queue de leur brigade.

X X I X.

Pour éviter toute difficulté sur la fixation du terrein de chaque brigade, sa largeur sera comptée, à l'égard de celles qui seront campées en première ligne, depuis l'alignement de l'encoignure de la première tente de la droite, jusqu'à celui de la première tente de la brigade suivante; & en profondeur, depuis soixante-dix toises en avant du front du camp, jusqu'à quatre-vingts toises en arrière. Quant aux brigades de la seconde ligne, leur terrein s'étendra sur la même largeur depuis leur front de bandière jusqu'à deux cens toises en arrière.

X X X.

Défenses aux Officiers de loger.

Aucun des Officiers à qui il est ordonné de camper, ne pourra, sous quelque prétexte que ce soit, s'établir ni mettre ses chevaux, domestiques & équipages dans une maison voisine du camp.

X X X I.

Les Majors de brigade feront tenus d'avertir le Brigadier & le Maréchal-général-des-logis de la Cavalerie, des Officiers qui ne feront pas campés à leurs troupes, ou qui feront contrevenus à l'article ci-deffus; & celui-ci en rendra compte au Commandant du camp & à celui de la Cavalerie.

X X X I I.

Qui que ce foit, en aucun cas, ne pourra loger dans les Eglifes ou Chapelles.

X X X I I I.

Conduite au camp.

Chaque Major de campement ira au devant de fon régiment dès qu'il en verra arriver la tête, pour le conduire fur le terrein où il devra camper; & lorfque la colonne des équipages commencera à paroître, un Maréchal-des-logis ira pareillement au devant pour les conduire à la queue du camp, aux places qui auront été marquées; obfervant de s'informer des chemins par lefquels les troupes & les équipages devront venir au camp, afin qu'ils y arrivent fans embarras.

DE L'ETABLISSEMENT DANS LE CAMP.

X X X I V.

Arrivée au camp.

Le régiment étant arrivé à la tête de fon camp, s'y mettra en bataille l'épée à la main, faifant face en dehors.

X X X V.

Un Officier major fera aux Cavaliers les défenfes ordonnées.

X X X V I.

Piquet.

Le piquet fe tiendra trente pas en avant du régiment, jufqu'à ce que le régiment étant campé, le Commandant de la brigade lui ordonne d'entrer dans le camp.

X X X V I I.

Garde de l'étendard.

Le Major fera fortir des rangs les Cavaliers pour la garde des étendards, & le Brigadier qui devra les commander, lequel les fera entrer dans le camp, mettre pied à terre, attacher leurs chevaux à leurs piquets, prendre leurs mousquetons, & venir se placer à la tête du camp de la première compagnie, pour y recevoir les timbales & les étendards quand ils y arriveront.

XXXVIII.

LE Lieutenant ou Maréchal-des-logis de chacune des compagnies auxquelles les timbales & les étendards sont attachés, & à leur défaut un Brigadier, se portera en avant du régiment, suivi du Timbalier & du Cavalier portant l'étendard, avec une escorte de deux Cavaliers ayant le sabre à la main pour les conduire à l'avant-garde du piquet qui se sera formée entre le régiment & le piquet; & les y ayant remis, il retournera seul à sa troupe.

XXXIX.

Entrée dans le camp.

LORSQUE le Brigadier ou le Mestre-de-camp commandant la brigade, aura donné l'ordre au Major de brigade ou du régiment, de faire entrer la brigade ou le régiment dans son camp, chaque Officier major, après avoir fait remettre les sabres, fera faire demi-tour à droite par compagnie à son régiment, & marcher pour entrer dans le camp.

XL.

LES escadrons de la même brigade observeront de faire ce mouvement ensemble autant qu'il sera possible, en se réglant sur le régiment chef de brigade.

XLI.

LE régiment étant entré dans son camp, l'Officier commandant l'avant-garde du piquet marchera avec les timbales & les étendards & les Cavaliers de leur escorte, pour les remettre à la garde de l'étendard; après quoi il retournera avec son avant-garde à la tête du piquet, & les Cavaliers de l'escorte entreront dans le camp.

XLII.

LES Brigadiers & Mestre-de-camps resteront à cheval à la tête du camp, jusqu'à ce qu'ils y aient vû entrer leur brigade ou leur régiment.

XLIII.

LES Maréchaux-des-logis feront aligner & tendre les tentes de leur compagnie, & les Officiers ne mettront point pied à terre qu'elles ne ſoient tendues.

XLIV.

Détachemens aux fourrages & autres diſtributions.

PENDANT qu'on tendra les tentes, un Officier major aſſemblera promptement à la tête du camp, le nombre de Cavaliers néceſſaires pour aller aux fourrages & autres diſtributions, avec les Officiers & Maréchaux-des-logis qui devront les conduire.

XLV.

Propreté du camp.

DÈS que les tentes ſeront tendues, les Officiers & Maréchaux-des-logis des compagnies feront nettoyer la tête du camp.

XLVI.

Feu.

ILS empêcheront de faire du feu ailleurs qu'aux places marquées pour les cuiſines & les forges.

XLVII.

Communications.

LES Officiers majors feront faire diligemment les communications néceſſaires tant à leur droite qu'à leur gauche, en avant & en arrière ſans avoir aucun égard au temps & à la fatigue; & s'il ſe trouvoit devant le régiment un terrein inégal, ils le feront applanir juſqu'à quarante pas en avant du front du camp.

XLVIII.

LE terrein dont chaque régiment ſera chargé, s'étendra depuis le front de ſa première tente juſqu'à celle de la première compagnie du régiment voiſin; l'intervalle de l'un à l'autre devant être cenſé faire partie de celui qui aura été diſtribué au premier pour camper.

XLIX.

Latrines.

ON fera creuſer les latrines ſur le même alignement que celles de l'Infanterie: on mettra un appui à la place où elles auront été marquées, & une feuillée s'il eſt poſſible; & tous les huit jours on fera de nouvelles latrines, & on comblera les anciennes qu'on marquera avec un jalon.

L.

L.

DANS les régimens où il y aura des bouchers, les Majors leur indiqueront en même temps le terrein où ils devront se placer, dans un assez grand éloignement pour qu'ils ne puissent point causer d'infection dans le camp; & ils les obligeront d'enterrer les entrailles des bestiaux qu'ils tueront. *Boucheries.*

Ils empêcheront qu'il ne s'établisse dans leur camp des Vivandiers d'un autre régiment.

L I.

ON commandera pour les premières corvées le nombre d'hommes nécessaire, sans y employer les Cavaliers de piquet; & lorsqu'il y aura à la garde de l'étendard des Cavaliers arrêtés pour châtiment, on les obligera à faire les travaux du camp. *Corvées.*

L I I.

DEPUIS le moment où la troupe sera entrée dans le camp, jusqu'à celui où elle sera campée dans l'ordre où elle doit l'être, les Officiers majors seront tenus de rester à cheval à la tête du camp, sans pouvoir se retirer que tout ce qui est prescrit ci-dessus n'ait été auparavant exécuté. *Attentions des Majors.*

L I I I.

ILS iront ensuite visiter les abreuvoirs à portée du camp, pour faire mettre en état ceux qui seront praticables; & les Majors de brigade feront rompre ceux qui seroient dangereux. *Abreuvoirs.*

L I V.

LES Majors des régimens donneront en arrivant au camp, & ensuite tous les mois, au Maréchal-général-des-logis de la Cavalerie, un état exact de la force du régiment & du nombre des Officiers présens, auquel ils ajoûteront les noms & les grades des Officiers qui manqueront, les raisons de leur absence & les lieux où ils seront. *E'tat du régiment.*

L V.

ILS rendront compte à ce même Officier de ce qu'il *Poudre & balles.*

y aura à leur régiment, de poudre, de balles & de pierres à fusil, pour qu'il leur en procure la quantité nécessaire.

DE LA GARDE DE L'ETENDARD.

L V I.

Sa composition.

LA garde des étendards de chaque régiment, sera composée de trois Cavaliers par compagnie, commandés par un Brigadier.

L V I I.

Cavaliers bottés pendant le jour.

LES Cavaliers seront bottés pendant le jour, & en souliers pendant la nuit : à l'égard du Brigadier, il sera en souliers jour & nuit.

L V I I I.

Place de la garde rassemblée.

CETTE garde se tiendra en haie à droite & à gauche des timbales & des étendards, qui seront posés six pas en avant du premier piquet des chevaux de la première compagnie du régiment, les Cavaliers destinés à la garde du premier étendard se tiendront avec le Brigadier en dehors du côté de l'intervalle, & le reste en dedans du côté du camp.

L I X.

Sa durée.

ELLE sera relevée tous les matins aux gardes montantes.

L X.

Manière de la relever.

LA nouvelle garde s'assemblera devant le camp au centre du régiment, où elle sera visitée par un Officier major, & par le Brigadier qui relèvera, pour s'assurer que les armes soient en état & chargées, & les Cavaliers bien tenus.

L X I.

LE Brigadier portant son mousqueton sur le bras gauche, se fera suivre par les Cavaliers deux à deux, portant leur mousqueton, & les conduira jusqu'à l'ancienne garde, que le Brigadier qui descendra aura fait mettre en haie à son poste.

L X I I.

QUAND le Brigadier approchera de l'ancienne garde,

il fera filer les Cavaliers derrière lui un à un, jusqu'à ce qu'étant arrivé à la hauteur du Brigadier de cette garde, il s'arrêtera & se formera vis-à-vis d'elle en faisant à droite.

LXIII.

LE Brigadier de la nouvelle garde ayant pris la consigne & relevé les sentinelles, l'ancienne garde se retirera dans le même ordre que la nouvelle sera venue jusqu'au centre du front du camp du régiment, d'où le Brigadier qui la commande la renverra.

LXIV.

Etendards divisés.

LE Brigadier de la nouvelle garde fera développer ensuite les étendards, excepté dans les temps de grosse pluie, pendant lesquels ils resteront ployés auprès des timbales.

LXV.

ON ne déployera pas non plus les étendards les jours de fourrage; & la nouvelle garde remplacera les sentinelles de nuit de l'ancienne garde, & ne les retirera point qu'on ne soit revenu du fourrage.

LXVI.

LES étendards étant déployés, le Brigadier les remettra aux Cavaliers des compagnies, à la tête desquelles ils devront être portés, qui seront les premiers à entrer en faction.

LXVII.

COMME il y a deux étendards par escadron, les six Cavaliers des deux compagnies de la droite seront destinés à en garder un, & ceux des compagnies de la gauche, l'autre, lorsqu'ils seront dispersés.

LXVIII.

LES Cavaliers qui porteront les étendards, seront gantés & les tiendront de la main gauche, posés sur l'épaule; ils seront accompagnés chacun de droite & de gauche par un Cavalier; & les autres Cavaliers affectés à chaque étendard, qui ne seront point en faction, formeront un second rang derrière l'étendard.

L X I X.

Le Brigadier ayant ainſi rangé les Cavaliers de ſa garde, il les fera marcher le long du front du camp; obſervant que ceux des compagnies les plus éloignées marchent les premiers.

L X X.

A meſure que chaque étendard arrivera vis-à-vis de la compagnie devant laquelle il devra être poſé, le Cavalier qui le portera le pointera dans terre vis-à-vis, & ſix pas en avant du premier piquet des chevaux de cette compagnie, & il y reſtera en faction le ſabre nu à la main: les autres Cavaliers qui l'auront accompagné, poſeront leurs armes ſur un chevalet long de quatre pieds & de la même hauteur, qui ſera dreſſé à cet effet ſur la même ligne que l'étendard; & ils ſeront renvoyés enſuite à leurs tentes par le Brigadier.

L X X I.

Les mêmes choſes ayant été obſervées pour tous les étendards du régiment, le Brigadier retournera au premier étendard, & avertira en paſſant les ſentinelles aux étendards, d'appeler lorſque la garde devra prendre les armes.

L X X I I.

Viſites de jour.

La garde des étendards prendra les armes pour le Commandant du camp, pour celui de la Cavalerie, pour les Officiers généraux de jour, & lorſqu'il paſſera une troupe devant le front du camp du régiment.

L X X I I I.

Alors les Cavaliers factionnaires à chaque étendard, ſe plaçant derrière cet étendard, en empoigneront la lance de la main gauche à la hauteur de la poitrine, tenant leur ſabre nu de l'autre main, la garde appuyée ſur la cuiſſe, la lame croiſant l'étendard, portant ſur le pouce de la main gauche qu'elle débordera par la pointe d'environ un demi-pied, les deux talons vis-à-vis l'un de l'autre ſur la même ligne, à un demi-pied de diſtance l'un de l'autre, la pointe de la botte du pied gauche touchant la lance de l'étendard, le genou gauche un peu plié,

plié, la jambe droite tendue, l'épaule droite effacée, & le regard assuré.

Les autres Cavaliers se mettront en haie à droite & à gauche de celui qui tiendra l'étendard de leur compagnie, portant le mousqueton.

Quant au Brigadier, il se tiendra à la droite de la garde du premier étendard, étant reposé sur le mousqueton qu'il tiendra de la main droite par le bout du canon, la crosse à terre, la platine tournée en dehors, & le bras tendu: il ôtera le chapeau de la gauche pour saluer ceux pour qui il aura pris les armes.

LXXIV.

LES Officiers généraux qui seront employés aux camps en cette qualité & en celle d'Inspecteurs généraux de la Cavalerie, seront reçûs des piquets & des gardes, lorsqu'ils les verront, comme s'ils étoient Officiers généraux de jour, sans néanmoins tirer à conséquence à l'égard de ces mêmes Officiers, lorsqu'ils sont employés dans les armées.

LXXV.

Rassembler les étendards.

LE soir, à l'heure du guet, le Brigadier appellera la garde de l'étendard: pour lors les Cavaliers ayant quitté leurs bottes pour prendre des souliers, & ayant leurs manteaux renversés sur les épaules, se mettront en haie avec leurs armes à droite & à gauche de l'étendard qu'ils auront gardé pendant le jour, & le Brigadier les ramènera avec les étendards, commençant par les plus éloignés, dans le même ordre qu'il les aura posés le matin.

LXXVI.

LES étendards étant rassemblés autour des timbales, le sentinelle qui les gardera sera armé d'un mousqueton, de même que tous ceux qui seront posés pendant la nuit.

LXXVII.

Garde de nuit.

A l'entrée de la nuit, outre le sentinelle qui restera aux étendards, le Brigadier en posera deux à chaque escadron, un à la tête & l'autre à la queue du centre de l'escadron: ces sentinelles se promèneront le long du front & de la queue de l'escadron, pour voir s'il ne se détachera pas des chevaux, & veiller aux accidens qui peuvent arriver.

L X X V I I I.

Il détachera de sa garde quatre Cavaliers pour la garde de nuit du Mestre-de-camp qui aura un sentinelle à sa tente pendant le jour.

L X X I X.

En l'absence du Mestre-de-camp, le Lieutenant-colonel aura jour & nuit à sa tente un sentinelle tiré de cette même garde.

L X X X.

Le Commandant du régiment par accident, en aura un la nuit seulement.

L X X X I.

Le Major ou l'Officier chargé du détail du régiment, aura un sentinelle jour & nuit.

L X X X I I.

Le Brigadier, après avoir posé tous ces sentinelles, fera allumer le feu de sa garde, & l'entretiendra pendant la nuit.

L X X X I I I.

Il partagera les factions des sentinelles, tant de jour que de nuit, de manière qu'elles soient également reparties à toute la garde.

L X X X I V.

Visites de nuit.

Si le Commandant du camp, un Officier général de jour, le Commandant de la Cavalerie, le Brigadier, Mestre-de-camp & Lieutenant-colonel de piquet, ou le Maréchal-général-des-logis de la Cavalerie, viennent à passer le long de la ligne pendant la nuit, le sentinelle en faction aux étendards, après qu'on lui aura répondu au *qui vive*, criera *halte là;* & avertira le Brigadier commandant la garde de l'étendard, qui fera prendre les armes à sa garde, & se détachera de dix pas en avant des étendards ayant le sabre à la main, escorté de deux Cavaliers le mousqueton présenté : alors il dira: *avance qui a l'ordre*, & ayant reçû le mot de l'Officier qui fait la visite, il retournera en rendre compte à l'Officier de piquet qui doit être à cette garde. Cependant les deux Cavaliers demeureront les armes présentées vis-à-vis l'Officier supérieur, qui s'arrêtera jusqu'à ce que l'Officier du piquet ait ordonné de le laisser avancer; & ledit Officier, escorté de quatre Cavaliers présentant leurs armes, marchera au devant de l'Officier supérieur, auquel il rendra le mot.

LXXXV.

Prisonniers aux étendards.

LORSQU'IL y aura aux étendards un ou plusieurs prisonniers, si ces prisonniers sont accusés de crime, ils seront attachés à un piquet, & la garde restera rassemblée jour & nuit, ce qui n'empêchera pas néanmoins qu'on ne place les étendards à la tête de leurs compagnies; mais il ne restera auprès de ces étendards que les sentinelles pour les garder; & indépendamment du sentinelle qui sera au premier étendard, on mettra un second Cavalier en faction avec un mousqueton pour garder les criminels, lequel en sera responsable, ainsi que le Brigadier. Il sera même commandé un détachement particulier pour garder les criminels, si le nombre en est trop grand pour que la garde de l'étendard y puisse suffire.

LXXXVI.

QUAND les prisonniers ne seront détenus que par correction, la garde se divisera à l'ordinaire: cependant si quelqu'un de ces prisonniers faisoit la tentative de s'échapper, on l'attachera à un piquet comme un criminel.

LXXXVII.

Jours de marche.

LES jours de marche, la garde de l'étendard ne sera relevée qu'à l'arrivée au camp. Lorsqu'on sonnera le boutte-selle, on renverra successivement une moitié des Cavaliers de cette garde pour aller seller & charger leurs chevaux; & lorsqu'on sonnera à cheval, l'Officier qui commandera l'avant-garde du piquet, fera prendre les timbales & les étendards, & les distribuera chacun à leur compagnie quand le régiment sera en bataille.

LXXXVIII.

LES étendards ayant été ainsi remis, les Cavaliers de

cette garde rentreront chacun dans leur compagnie, pourvû qu'il n'y ait pas de prisonniers aux étendards, parce qu'en ce cas, ils devroient les conduire à la tête du régiment jusqu'au nouveau camp.

DU PIQUET.

LXXXIX.

Sa composition.

LE piquet de chaque régiment consistera en une troupe de trente-six Maîtres, y compris deux Brigadiers, un Trompette & un Maréchal, commandés par un Capitaine, un Lieutenant & un Maréchal-des-logis: cette troupe sera composée comme les chambrées, d'anciens & de nouveaux Cavaliers.

XC.

Officiers supérieurs du piquet.

IL sera nommé tous les jours à l'ordre un Brigadier, un Mestre-de-camp & un Lieutenant-colonel sur toute la Cavalerie, & un Major par chaque aîle de Cavalerie, pour être de piquet; ces Officiers seront aux ordres des Officiers généraux de jour, & du Commandant de la Cavalerie.

XCI.

Durée du piquet.

LE piquet se formera, comme il a été dit, à l'arrivée du régiment au camp, & il sera relevé tous les jours par de nouveaux Cavaliers.

XCII.

Inspection.

LE nouveau piquet s'assemblera le matin à la tête de son régiment, où le Major fera l'inspection des hommes, des armes & des chevaux, avant de faire celle des gardes.

XCIII.

Piquet à la tête du camp.

CETTE inspection étant faite, les piquets monteront à cheval, & resteront en bataille, chacun à la tête du camp de son régiment, jusqu'à ce que les gardes ordinaires soient parties du rendez-vous, où on les assemblera pour aller relever les anciennes gardes; & alors on fera rentrer les piquets dans le camp.

XCIV.

Jours de fourrage.

LES jours de fourrage, le nouveau piquet restera à cheval

cheval après l'inſpection, & ſe tiendra à la tête du camp de ſon régiment, d'où il enverra des vedettes à la queue & aux flancs du camp, afin d'empêcher les Cavaliers & valets d'en ſortir que le rendez-vous ne ſoit donné, & que les fourrageurs n'aient reçû l'ordre de partir avec les eſcortes commandées; & le piquet ne rentrera dans le camp que lorſque tous les fourrageurs y ſeront revenus.

X C V.

Jours de marche.

LES jours de décampement le piquet montera à cheval au boute-ſelle, & mettra pareillement des vedettes à la queue & aux flancs du camp, pour que perſonne ni aucuns équipages n'en ſortent, jusqu'à ce que l'ordre du départ ayant été donné, il retirera les vedettes & prendra la tête du régiment.

X C V I.

Préſence des Officiers ſupérieurs à la tête des piquets.

LE Meſtré-de-camp & le Lieutenant-colonel entrant de piquet, reſteront à cheval à la tête des piquets pendant tout le temps qu'ils ſeront à la tête du camp.

X C V I I.

Viſite du Major de brigade.

PENDANT que les piquets ſeront à la tête du camp, les Majors de brigade les viſiteront; & s'ils trouvent qu'il y manque quelqu'Officier ou Cavalier, ou qu'il y en ait quelqu'un de négligé, ils en rendront compte à leur Brigadier & au Maréchal-général-des-logis de la Cavalerie.

X C V I I I.

Leur préſence aux gardes montantes.

LES Brigadier, Meſtre-de-camp & Lieutenant-colonel ſortant de piquet, ſe trouveront aux gardes montantes, pour rendre compte à l'Officier général de jour de ce qui ſe ſera paſſé pendant la nuit; & ils iront enſuite en rendre compte au Commandant de la Cavalerie.

Le Brigadier entrant de piquet, ſe trouvera auſſi aux gardes montantes, pour recevoir les ordres de l'Officier général de jour.

X C I X.

Piquets dans le camp.

LES piquets étant rentrés dans le camp, ſeront toûjours prêts à marcher: pour cet effet, les Officiers & Cavaliers ne pourront s'éloigner du camp ni se deshabiller; ils resteront bottés jour & nuit; leurs chevaux seront toûjours sellés; ils auront la bride à portée d'eux, & leurs cuirasses seront à la tête de leurs chevaux.

C.

Un Officier de piquet à la garde de l'étendard.

LES deux Officiers & le Maréchal-des-logis de chaque piquet, s'arrangeront ensemble de façon qu'un d'eux soit continuellement jour & nuit à la garde de l'étendard: ils auront leurs chevaux prêts pour faire monter le piquet à cheval en cas de besoin; & ils visiteront de temps en temps le piquet, tant de jour que de nuit, pour voir s'il sera en état.

C I.

Marche & remplacement des piquets.

SI l'on fait marcher le piquet, dès qu'il sera sorti du camp on en commandera un autre.

C I I.

Leur rentrée après avoir passé les gardes ordinaires.

QUAND le piquet rentrera dans le camp, après avoir passé les gardes ordinaires, son service sera fait, & celui qui l'aura remplacé restera en fonction.

C I I I.

Piquets demandés.

LES piquets sortiront à la tête du camp pendant le jour, quand ils seront demandés par le Commandant du camp, celui de la Cavalerie, les Officiers généraux de jour, le Brigadier, le Mestre-de-camp & le Lieutenant-colonel de piquet, & par le Maréchal-général-des-logis de la Cavalerie.

C I V.

QUAND on appellera le piquet à la tête du camp pendant le jour, les Cavaliers sortiront bottés avec leurs bandoulières & leurs sabres, mais sans mousquetons: ils se mettront en haie entre les deux étendards de leur escadron, sur le même alignement de la garde de l'étendard.

Les Officiers se trouveront à pied dispersés en avant des Cavaliers de piquet, de manière qu'il y en ait à chaque escadron.

C V.

Visite du piquet pendant la nuit.

L'OFFICIER de piquet qui restera au feu de la garde

de l'étendard pendant la nuit, recevra les Officiers qui ont autorité sur le piquet, comme il est expliqué à l'article LXXXIV; & s'ils veulent le visiter, il les mènera dans les rues des compagnies.

C V I.

Si les piquets sont la nuit hors du camp, lorsque les Officiers qui ont droit de les visiter arriveront à la ligne, la vedette criera d'environ quinze pas, *Qui vive ;* il sera répondu *France*, & elle demandera *quel régiment.* Quand l'Officier aura indiqué son grade, la vedette l'arrêtera en criant *halte là :* alors un Brigadier & deux Cavaliers de piquet s'avanceront jusqu'à la vedette, le Brigadier le pistolet à la main, & les Cavaliers le mousqueton haut. Le Brigadier criera *avance qui a l'ordre*, afin de recevoir le mot de l'Officier supérieur: ayant reçû le mot & reconnu celui qui le lui aura donné, il retournera au trot en rendre compte au Capitaine de piquet, dont la troupe sera à cheval l'épée à la main. Le Capitaine s'avancera ensuite à six pas de la vedette, escorté de deux Cavaliers le mousqueton haut, & dira *avance à l'ordre :* l'Officier supérieur s'avancera & recevra le mot du Capitaine, qui lui fera voir ensuite son piquet, dont les Officiers seront chacun à leur place.

C V I I.

Le Brigadier, le Mestre-de-camp & le Lieutenant-colonel de piquet feront chacun une ronde pendant la nuit, dont l'heure sera réglée par le Brigadier: non seulement ils parcourront la tête du camp, mais ils passeront aussi entre les deux lignes, afin d'examiner s'il ne s'y commettra pas de desordre.

C V I I I.

Ils visiteront les piquets pendant la nuit quand ils seront hors du camp, pour s'assurer que les Officiers soient présens, & les Cavaliers en état; & ils seront reçûs comme il a été dit à l'article CVI, quand ils demanderont à voir le piquet d'un régiment.

C I X.

Majors de piquet.

Les fonctions des Majors de piquet feront de faire une ronde pendant la nuit, chacun dans les brigades de leur aîle, à l'heure qui leur paroîtra la plus convenable, efcortés d'un Brigadier & de deux Cavaliers de piquet ayant leur moufqueton ; d'y vifiter les gardes des étendards, pour voir fi les Brigadiers & les Cavaliers font leur devoir ; d'y faire une fois le jour la vifite des piquets, pour voir s'il y aura un Officier de piquet de chaque régiment à la tête du camp, & fi les fentinelles feront alertes.

D'examiner fi le feu des cuifines fera éteint, fi l'on ne donnera point à boire chez les Vivandiers, & s'il ne fe paffera aucun defordre.

Ils rendront compte chaque jour aux Officiers fupérieurs de piquet, de ce qui fe fera paffé à leur ronde, & informeront les Majors de brigade de ce qu'ils auront remarqué de défectueux dans leurs brigades, pour que ceux-ci en inftruifent le Maréchal-général-des-logis de la Cavalerie.

C X.

Les Officiers de chaque piquet veilleront à ce qu'il ne refte point d'immondices à la tête & à la queue de leur camp : pour cet effet, ils feront enterrer ces immondices par des Cavaliers de leur piquet ; ils leur feront auffi tranfporter au loin les chevaux morts, ayant foin qu'ils les enterrent à quatre pieds de profondeur au moins.

DES BRIGADES.

C X I.

Les régimens feront mis en brigade à leur arrivée au camp.

C X I I.

Arrangement des régimens & efcadrons.

Le régiment chef de brigade en prendra la droite foit pour fe mettre en bataille, pour marcher ou pour camper : le fecond fe placera à la gauche ; & quand il y en aura un plus grand nombre, ils fe placeront de même alternativement dans le centre de la brigade, tous

les

les régimens de l'aîle droite se formant par leur droite; excepté ceux de la brigade de la gauche qui appuyera à l'Infanterie, laquelle se formera par sa gauche.

Cet ordre sera renversé dans les brigades de l'aîle gauche.

CXIII.

LES escadrons d'un même régiment observeront entre eux le même ordre que tiendront les régimens dans la formation de la brigade.

CXIV.

Majors des brigades.

CELUI des Majors des régimens d'une même brigade, qui sera le plus ancien de commission de Capitaine, sera Major de cette brigade.

CXV.

S'IL n'y avoit dans une brigade aucun Major en état de faire le service de Major de brigade, il y seroit suppléé par l'Aide-major du régiment de la brigade qui se trouvera le plus ancien de commission de Capitaine.

DE L'ORDRE.

CXVI.

Donné chez le Maréchal-général-des-logis de la Cavalerie.

LES Majors de brigade iront tous les jours à l'ordre chez le Maréchal-général-des-logis de la Cavalerie, à l'heure qu'il leur aura indiquée, pour y écrire l'ordre qu'il leur dictera, ainsi que les détails qui concerneront leurs brigades.

CXVII.

ILS ne s'exempteront d'aller à l'ordre sous aucun prétexte; & lorsque pour des raisons légitimes quelqu'un d'eux ne pourra s'y trouver, il fera avertir le Major de la brigade le plus ancien après lui, qui s'y rendra à sa place.

CXVIII.

Porté au Brigadier.

LE Major de brigade portera l'ordre & le mot au Brigadier de sa brigade, lorsque ledit Brigadier sera au camp, & il recevra ses ordres sur ce qu'il aura à y ajoûter avant de le distribuer aux autres Majors de sa brigade.

C X I X.

Diſtribué par les Majors de brigade.

LES Majors, & à leur défaut les Aide-majors des régimens, iront à l'ordre chez le Major de leur brigade, qui le leur dictera avec le détail concernant le ſervice de leur régiment, & ce que le Brigadier aura jugé à propos d'y ajoûter.

C X X.

Porté aux Meſtre-de-camps.

LES Majors des régimens ayant pris l'ordre du Major de leur brigade, iront porter le mot à leur Meſtre-de-camp lorſqu'il ſera au camp, lui feront la lecture de l'ordre, & recevront ceux qu'il aura à donner; après quoi ils iront donner l'ordre à leurs régimens.

C X X I.

Aux Lieutenant-colonels.

EN l'abſence du Meſtre-de-camp, le Major donnera le mot au Lieutenant-colonel, à qui il ſera porté par l'Aide-major quand le Meſtre-de-camp ſera préſent; & lorſque le Meſtre-de-camp & le Lieutenant-colonel ne ſeront point au régiment, le Major portera l'ordre également à l'Officier qui le commandera à leur défaut.

C X X I I.

Envoi de l'ordre.

AUCUN Officier major n'enverra l'ordre d'un régiment à l'autre, autrement que par écrit, & par un Officier ou un Maréchal-des-logis.

C X X I I I.

Cercle.

LORSQUE le Major d'un régiment voudra diſtribuer l'ordre, le Timbalier battra un appel auquel les Maréchaux-des-logis des compagnies s'aſſembleront à la tente du Major.

C X X I V.

IL ne ſera permis d'y entrer qu'au Brigadier de la brigade, au Meſtre-de-camp, au Lieutenant-colonel ou autre Officier commandant le régiment, & aux Officiers majors.

C X X V.

LE Brigadier commandant la garde aux étendards, en prendra auſſi-tôt deux Cavaliers qu'il conduira à cette tente; & en les mettant en faction, l'un devant, l'autre derrière la tente, il leur donnera pour consigne de n'en laisser approcher personne que les Officiers ci-dessus.

CXXVI.

LE Major fera écrire aux Maréchaux-des-logis ce qu'ils auront à exécuter: il en fera faire ensuite la lecture, vérifiera leur livre d'ordre pour s'assurer qu'ils l'aient écrit exactement, & le leur fera expliquer par un Officier major.

CXXVII.

ON nommera à l'ordre les Officiers commandés pour tous les différens genres de service du camp, & le Brigadier qui devra commander la garde des étendards.

CXXVIII.

LE Major fera mention aussi chaque jour dans l'ordre, des Officiers qui seront les premiers à marcher pour chaque espèce de service.

CXXIX.

Rendu aux Officiers des compagnies.

CHAQUE Maréchal-des-logis portera l'ordre aux Officiers de sa compagnie; & lorsqu'il sera cette fonction, il aura le chapeau bas, ainsi que l'Officier, dans l'instant où le Maréchal-des-logis lui donnera le mot à l'oreille.

CXXX.

Aux Cavaliers.

LE Maréchal-des-logis ira ensuite dans chaque tente de la compagnie expliquer aux Cavaliers les défenses & ce qui aura été ordonné, & avertir ceux qui devront être de service.

CXXXI.

Aux gardes ordinaires.

LE Major de brigade donnera l'ordre cacheté à un Cavalier de chaque garde ordinaire de sa brigade, que le Commandant de ladite garde aura eu soin, à son arrivée à son poste, de renvoyer au camp de son régiment pour lui apporter les ordres qu'on aura à lui donner.

DU GUET ET DE L'APPEL, & autres règles du camp.

CXXXII.

Ecole des Trompettes.

UNE heure avant que le soleil se couche, tous les

Trompettes ſe trouveront à la tête du camp de leur régiment, pour tenir entre eux l'école juſqu'au ſoleil couchant.

C X X X I I I.

Signal pour ſonner le guet.

Au ſignal de la retraite, les Trompettes ſonneront le guet, commençant à l'aîle droite & à l'aîle gauche par les régimens qui joindront l'Infanterie.

C X X X I V.

Raſſembler les étendards, & poſer les ſentinelles de nuit.

Le guet étant ſonné, les étendards ſeront rapportés à la tête de la première compagnie de chaque régiment; & le Brigadier de cette garde poſera les ſentinelles de nuit.

C X X X V.

E'teindre les feux.

On éteindra les feux des cuiſines: les Vivandiers ceſſeront de donner à boire, & les Cavaliers ſeront rentrés dans leurs tentes une heure après la retraite.

C X X X V I.

Appels.

Les Maréchaux-des-logis, & en leur abſence les Brigadiers, feront régulièrement des appels des Cavaliers de leur compagnie, une heure après le guet ſonné & au point du jour, & plus ſouvent s'il eſt néceſſaire.

C X X X V I I.

Ils feront enſuite leurs billets d'appel, ſur leſquels ils marqueront s'il manque quelqu'un ou non, & le nombre des Cavaliers qui ſeroient morts au camp, ou qui auroient été envoyés à l'hôpital d'un appel à l'autre.

Ils dateront & ſigneront ces billets, & ils les porteront au Brigadier de la garde de l'étendard, qui les remettra au Major de ſon régiment; & ils en rendront compte au Commandant, & à leur Capitaine.

C X X X V I I I.

Les appels ſe feront tente par tente, en appelant les Cavaliers par leur nom, & les obligeant de répondre chacun pour ſoi.

Les Maréchaux-des-logis ou Brigadiers qui y manqueront par négligence, ou qui ne marqueront pas ſur leurs billets les Cavaliers qui ne ſe ſeront pas trouvés à leur appel, ſeront punis ſévèrement.

22. juin 1755.

25

C X X X I X.

Les Lieutenans des compagnies en feront l'appel après le guet, indépendamment de celui des Maréchaux-des-logis; & ils marqueront les Cavaliers qui auront manqué, sur des billets qu'ils signeront, & qu'ils remettront au Commandant du régiment; ils en informeront ensuite le Capitaine.

C X L.

Les Majors des régimens formeront sur les billets d'appel des Maréchaux-des-logis ou Brigadiers, des billets datés & signés d'eux, qu'ils enverront tous les matins au Major de leur brigade.

Ils marqueront sur ces billets les noms des Cavaliers qui auront manqué à l'appel, avec ceux de leurs compagnies, & l'heure à laquelle on se sera aperçû de leur absence.

Quand il n'auroit manqué personne, ils n'en feront pas moins mention sur leurs billets.

Ils y marqueront aussi le nombre des Cavaliers entrés à l'hôpital ou morts au camp.

C X L I.

Chaque Major de Brigade formera de même sur les billets des Majors des régimens de sa brigade, un billet détaillé des Cavaliers qui y auront manqué, lequel il signera, datera & enverra au Maréchal-général-des-logis de la Cavalerie; & il en rendra compte à son Brigadier.

C X L I I.

Le Maréchal-général-des-logis de la Cavalerie formera du tout un état général, qu'il remettra au Commandant du camp & à celui de la Cavalerie, à l'heure de l'ordre.

C X L I I I.

Visite des Lieutenans.

Les Lieutenans des compagnies feront tous les matins la visite des tentes, afin de voir si les Cavaliers sont propres, si leurs équipages & leurs armes sont en bon état, & s'ils feront ordinaire.

C X L I V.

Ils verront leur compagnie lorsqu'on pensera les

chevaux, lorſqu'on leur donnera l'avoine, & quand on les mènera à l'abreuvoir ; & ils auront attention qu'en les y menant, il y ait à la tête un Maréchal-des-logis ou un Brigadier, & un Carabinier à la queue.

DE L'ORDRE A OBSERVER *pour commander les gardes & détachemens.*

CXLV.

Détachemens par brigade.

Les détachemens pour toute ſorte de ſervice, ſeront commandés par brigade, chacune devant fournir à ſon tour, en commençant par la première, à proportion du nombre d'eſcadrons dont elles ſeront compoſées.

CXLVI.

Contrôles du Maréchal-général-des-logis de la Cavalerie.

Le Maréchal-général-des-logis de la Cavalerie tiendra un contrôle des brigades, ſuivant leur rang, ſur lequel ſeront marqués tous les détachemens commandés.

Il tiendra pareillement des contrôles des Brigadiers employés, des Meſtre-de-camps & des Lieutenant-colonels, pour les commander chacun à leur tour.

CXLVII.

Brigadiers, Meſtre-de-camps & Lieutenant colonels.

Les Brigadiers employés, & les Meſtre-de-camps & Lieutenant-colonels, ſoit en pied, réformés ou par commiſſion, ſeront commandés par rang d'ancienneté.

CXLVIII.

Les Meſtre-de-camps & Lieutenant-colonels par commiſſion, qui auront d'autres emplois dans la Cavalerie, y feront un double ſervice; mais ils feront toûjours celui de leurs emplois, par préférence à celui de Meſtre-de-camp & de Lieutenant-colonel; à l'exception des Majors qui, lorſqu'ils auront la commiſſion de Meſtre-de-camp ou de Lieutenant-colonel, ne feront de ſervice en cette qualité qu'une fois en entrant & en ſortant de campagne.

CXLIX.

Contrôles des Majors de brigade.

Les Majors de brigade tiendront un contrôle des régimens de leur brigade, où ils marqueront les Officiers, Maréchaux-des-logis & Cavaliers qui ſeront commandés par proportion du nombre de leurs escadrons, & par rang de régiment, en commençant par le régiment chef de brigade.

C L.

CHAQUE Major de régiment tiendra aussi un contrôle dudit régiment, compagnie par compagnie, sur lequel il marquera le nombre d'Officiers, de Maréchaux-des-logis, de Brigadiers & de Cavaliers qui seront commandés.

Contrôles des Majors des régimens.

C L I.

CES contrôles commenceront du jour de l'arrivée au camp, & seront continués jusqu'à celui de sa séparation.

C L I I.

IL y aura quatre sortes de tours de garde.

Tours de garde.

Le premier, pour les gardes d'honneur, lorsqu'il y aura occasion d'en donner.

Le second, pour les gardes ordinaires.

Le troisième, pour les détachemens.

Et le quatrième, pour le piquet.

C L I I I.

LES régimens fourniront de plus, chacun à leur tour, une garde de Capitaine pour le quartier général.

C L I V.

IL y aura un tour particulier pour les Brigadiers & Cavaliers qui seront commandés pour la garde des étendards, ainsi que pour tout autre service à pied, pour lequel les Cavaliers ne seront commandés qu'avec un Brigadier, ou tout au plus un Maréchal-des-logis.

C L V.

LES trois premiers tours de garde seront commandés par la tête, & celui du piquet par la queue.

C L V I.

ON suivra exactement le rang des Capitaines, & on fera marcher les Lieutenans suivant celui des compagnies auxquelles ils sont attachés; ce qui n'empêchera pas que ceux du même régiment ne commandent entre eux suivant leur ancienneté.

C L V I I.

LES Maréchaux-des-logis, Brigadiers & Cavaliers feront pareillement commandés par rang des compagnies.

C L V I I I.

Concours des différens tours de garde.

L'OFFICIER qui fe trouvera en même temps le premier à marcher pour différens fervices, fera commandé par préférence pour le premier de ces fervices, dans l'ordre qui eft défigné ci-deffus.

C L I X.

CELUI qui étant de fervice actuel pour une garde d'honneur, une garde ordinaire ou un détachement, devroit marcher à fon tour pour tout autre fervice, continuera celui dont il eft.

C L X.

CELUI qui étant de piquet devra marcher pour un des autres fervices, quittera fon piquet, & fera remplacé dans le moment par celui qui doit le fuivre dans le tour du piquet.

C L X I.

Quand le tour fera paffé.

TOUT Officier qui étant le premier à marcher pour une garde d'honneur, une garde ordinaire, un détachement ou le piquet, ne fe trouvera pas au camp quand on le commandera, ou ne pourra faire ce fervice pour quelque caufe que ce foit, fera remplacé par celui qui le fuivra.

C L X I I.

EN ce cas, fon tour fera paffé pour les gardes d'honneur & les détachemens, dont il ne pourra venir prendre le commandement fi-tôt qu'ils feront en marche & au-delà des gardes ordinaires: mais à l'égard de la garde ordinaire & du piquet, le tour n'en paffera jamais, foit que l'Officier foit abfent ou de fervice ailleurs, devant toûjours le reprendre après fon retour au camp, le feul cas de maladie excepté.

C L X I I I.

Quand le fervice fera cenfé fait.

LES détachemens ne feront cenfés faits que lorfqu'ils auront paffé les gardes ordinaires, & l'on ne tiendra point compte

compte de ceux qui auront été renvoyés du lieu du rendez-vous.

CLXIV.

LE Commandant d'un régiment, par accident, devra être commandé à ſon tour, de garde & de détachement; il ſera ſeulement exempt de piquet pendant le temps qu'il commandera. *Commandant par accident.*

CLXV.

LES Majors de brigade ne marcheront qu'avec leur brigade ou leur régiment. *Officiers majors.*

CLXVI.

IL ſera commandé un Major ou un Aide-major pour accompagner un Brigadier commandé en détachement ou de piquet, lequel ſera pris dans la même brigade où le Brigadier ſera employé, & par préférence dans ſon régiment s'il en eſt Meſtre-de-camp.

CLXVII.

LES Majors des régimens marcheront avec leurs Meſtre-de-camps, à moins qu'ils ne ſoient Majors de brigade, auquel cas un Aide-major accompagnera le Meſtre-de-camp à la place du Major.

CLXVIII.

LES Aide-majors marcheront avec les Lieutenant-colonels en pied de leur régiment, à moins que le Major du régiment ne fût Major de brigade, auquel cas il ſera commandé un Lieutenant pour marcher avec le Lieutenant-colonel.

CLXIX.

LORSQU'UN Meſtre-de-camp & Lieutenant-colonel réformé ou par commiſſion, ſera détaché dans ce grade, il ſera commandé un Lieutenant du corps auquel il ſera attaché, pour marcher avec lui.

CLXX.

TOUTE troupe commandée pour une garde ou pour un détachement, ſera compoſée; ſavoir, *Compoſition des gardes & détachemens.*

Celle de Capitaine, d'un Lieutenant, un Maréchal-des-Logis & cinquante Maîtres, compris deux Brigadiers, deux Carabiniers, un Trompette & un Maréchal.

Celle de Lieutenant, d'un Maréchal-des-logis, & trente-six Maîtres, compris deux Brigadiers, un Carabinier & un Trompette.

Et celle de Maréchal-des-logis, de douze Cavaliers, compris un Brigadier.

CLXXI.

Le Commandant du camp pourra cependant, dans certains cas, faire doubler, s'il le juge à propos, les Lieutenans dans une même troupe commandée par un Capitaine.

CLXXII.

Chaque troupe sera composée d'Officiers & de Cavaliers tirés du même régiment.

CLXXIII.

Les Maréchaux-des-logis des compagnies auront attention que les gardes & détachemens soient toûjours composés d'anciens & de nouveaux Cavaliers.

CLXXIV.

Carabiniers. Lorsque le Commandant du camp voudra faire marcher les Carabiniers, ils seront toûjours commandés par le plus ancien Capitaine, le plus ancien Lieutenant & le plus ancien Maréchal-des-logis de chaque régiment.

DE LA GARDE ORDINAIRE.

CLXXV.

Son assemblée. Les gardes ordinaires s'assembleront tous les matins à l'heure ordonnée, chacune à la tête du centre du régiment qui devra la fournir.

CLXXVI.

Le Major ou l'Aide-major de chaque régiment, après avoir fait l'inspection des Cavaliers & des chevaux de sa garde, la mènera au centre de la brigade, pour la remettre au Major de brigade.

CLXXVII.

LE Major de brigade fera l'inſpection des gardes de ſa brigade en préſence des Officiers majors de chaque régiment; & il les conduira enſuite au rendez-vous général des gardes, pour les remettre au Maréchal-général-des-logis de la Cavalerie.

CLXXVIII.

CET Officier mettra les gardes en bataille ſelon le rang des brigades dont elles ſeront tirées, & les viſitera.

CLXXIX.

Départ des gardes.

IL fera défiler les gardes quand il en aura reçû l'ordre des Officiers généraux de jour, ou du Commandant de la Cavalerie; & en leur abſence d'un Officier ſupérieur de piquet: & pour cet effet, il ſe mettra à la droite des gardes; & lorſqu'il aura dit à l'Officier commandant la troupe, qu'il peut marcher, celui-ci en donnera l'ordre à ſa troupe, en diſant: *Prenez garde à vous: Marche.*

CLXXX.

LE Cavalier de chaque garde ordinaire qui aura été renvoyé au camp, ſe trouvera à l'aſſemblée des nouvelles gardes pour conduire à ſon poſte celle qui devra la relever. Ce Cavalier ſe mettra en face de la garde qu'il aura à conduire, à la diſtance qui lui ſera preſcrite, & prendra la tête de cette garde quand elle défilera.

CLXXXI.

Salut en défilant.

LES gardes ſalueront, en défilant, le Commandant du camp, les Officiers généraux de jour, & le Commandant de la Cavalerie; mais s'ils s'y trouvent enſemble, elles ne ſalueront que l'Officier ſupérieur.

CLXXXII.

LES gardes défileront le ſabre à la main & trompettes ſonnantes. Les Officiers qui les commanderont, pourront faire remettre les ſabres quand elles ſeront hors de l'alignement des gardes du camp de l'Infanterie; mais ils devront les faire tirer de nouveau lorſque les gardes arriveront à la vûe d'une vieille garde.

CLXXXIII.

Si une garde rencontre, chemin faisant, une troupe armée, ou un Officier général à qui les honneurs soient dûs, le Commandant de cette garde fera sonner la trompette, sans s'arrêter.

CLXXXIV.

Avant-garde. Les Officiers détachés avec les gardes ordinaires, observeront au sortir du camp, d'avoir une avant-garde commandée par un Officier, lequel fera porter les mousquetons hauts aux Cavaliers de cette avant-garde, & marchera à une distance convenable de la troupe dont il aura été détaché.

CLXXXV.

Arrivée au poste. Quand la nouvelle garde arrivera à son poste, son avant-garde rentrera dans les rangs, & la troupe aura le sabre à la main, ainsi que l'ancienne garde qu'elle devra relever, dont elle prendra la gauche.

CLXXXVI.

Donner la consigne. Le Capitaine qui descend la garde, donnera la consigne à celui qui le relève.

CLXXXVII.

Relever le petit corps-de-garde. Celui-ci fera sortir de sa garde un Officier l'épée à la main, & douze Cavaliers le mousqueton haut, pour aller relever le petit corps-de-garde avancé.

CLXXXVIII.

Relever les vedettes. Les Brigadiers des deux gardes iront ensemble relever les vedettes.

CLXXXIX.

Reconnoître le poste. Pendant qu'on relèvera les vedettes, les deux Capitaines visiteront ensemble les flancs & les avenues du poste; & celui qui relève prendra de l'autre les éclaircissemens nécessaires sur tout ce qui peut contribuer à sa sûreté.

CXC.

Les deux Lieutenans iront ensuite reconnoître le poste de nuit, ainsi que les chemins & les endroits où les patrouilles

patrouilles devront ſe porter pendant la nuit; & celui de la nouvelle garde en rendra compte au Capitaine.

C X C I.

Retour de l'ancienne garde.

TOUS les poſtes étant relevés, la vieille garde retournera au camp, ſon petit corps-de-garde compoſé d'une diviſion faiſant l'arrière-garde: elle y arrivera le ſabre à la main & trompette ſonnante, ſe mettra en bataille à la tête du centre de ſa brigade; & ayant remis les ſabres, fera face au camp par un demi-tour à droite par troupe: après quoi le Commandant de la garde fera décharger les armes, renverra les Cavaliers, & ira rendre compte de ſon retour au Commandant de la brigade & à celui du régiment.

DU SERVICE DES GARDES ORDINAIRES dans leurs poſtes.

C X C I I.

Etabliſſement dans le poſte.

APRÈS le départ de l'ancienne garde, le Commandant de la nouvelle s'emparera du poſte.

C X C I I I.

IL ne pourra en ſortir ni rien changer à la conſigne; mais ſeulement augmenter de précautions, & en rendre compte aux Officiers ſupérieurs quand ils le viſiteront.

C X C I V.

LE Commandant reſtera à cheval avec ſa garde, & fera doubler les vedettes lorſque la ſûreté de ſa troupe l'exigera.

C X C V.

LE reſte du temps, il fera mettre pied à terre à un rang alternativement, pour débrider les chevaux & les faire manger, ayant attention que le rang qui ſera à cheval ſoit toûjours quinze pas en avant de celui qui ſera débridé; & il reſtera toûjours un Officier au moins, à cheval avec le rang qui y ſera.

C X C V I.

S'IL y a des bois ou des haies à portée du poſte, il

les fera fouiller par un Brigadier & quelques Cavaliers avant de faire mettre pied à terre; & quand même le pays feroit uni & découvert autour de lui, il ne laissera pas d'envoyer à une certaine distance, pour examiner s'il n'y auroit point de ravins ou chemins creux.

CXCVII.

Assiduité au poste.

Le Commandant de la garde ne permettra à aucun Officier ni Cavalier de s'écarter en aucun temps, sous quelque prétexte que ce puisse être.

CXCVIII.

Communication avec les gardes voisines.

Il aura soin d'avoir une communication libre avec les gardes voisines, afin que rien ne puisse passer entre elles & lui sans être vû.

CXCIX.

Consignes.

Il sera consigné aux gardes en avant & sur les flancs du camp, de ne laisser passer au-delà aucuns Cavaliers, Dragons, Soldats ni valets, d'arrêter tous ceux qui se présenteront, de les envoyer au Prevôt, & d'en donner avis au Maréchal-général-des-logis de la Cavalerie.

CC.

La même consigne sera donnée aux gardes sur les derrières du camp, excepté qu'elles devront laisser passer les Cavaliers, Dragons & Soldats qui seront porteurs de congés dans la forme prescrite par les ordonnances, & les valets qui auront des congés par écrit de leurs maîtres, visés du Major du régiment.

CCI.

Il sera aussi consigné de reconnoître ceux qui arriveront au camp, & de faire conduire les étrangers au Maréchal-général-des-logis de la Cavalerie, sans cependant causer aucun trouble ni empêchement aux allans & venans pour le commerce & la subsistance du camp, & donnant au contraire toute liberté & sûreté à ceux qui y apportent des vivres & denrées.

CCII.

Aller au qui vive.

Quand une vedette avertira qu'elle aperçoit une troupe ou plusieurs personnes ensemble venant de son côté ; si la garde n'est pas à cheval, le Commandant l'y fera monter, le second rang serrant alors sur le premier : il enverra deux Cavaliers au grand trot, le mousqueton haut, à trente pas en avant des vedettes. Lorsque ceux que ces Cavaliers voudront reconnoître, seront à portée de les entendre, ils crieront *qui vive ;* leur ayant été répondu *France,* ils demanderont *quel régiment.* Après la seconde réponse, un des deux Cavaliers ira rendre compte au Commandant de la troupe, l'autre se retirera au poste de la vedette, d'où il criera à la troupe venant, *halte-là ;* & lorsque le Commandant lui aura envoyé dire de laisser approcher ou passer, il se retirera à sa troupe après avoir averti ceux qu'il aura arrêtés qu'ils pourront avancer ou passer.

CCIII.

Envoi à l'ordre.

LE Commandant de la garde ordinaire, après s'être établi dans son poste, enverra un Cavalier de sa troupe au camp, pour lui apporter les ordres que le Major de sa brigade aura à lui envoyer.

CCIV.

Poste de nuit.

AU coucher du soleil, le Commandant de la garde la fera monter à cheval, fera retirer ses vedettes & son petit corps-de-garde, & se retirera au poste de nuit. En faisant cette retraite il fera deux haltes, & marchera avec une arrière-garde : il tâchera de faire ce mouvement en même temps que les gardes qui seront à sa droite & à sa gauche.

CCV.

Abreuvoir.

DANS les cas qui exigent d'être alerte, on ne doit faire boire les chevaux qu'après que la garde s'est retirée au poste de nuit : en toute autre circonstance, on pourra faire boire le matin avant de quitter le poste de nuit, & dans la journée si les chaleurs obligent de faire rafraîchir les chevaux.

CCVI.

QUAND on enverra à l'abreuvoir, si la garde est au poste de jour, elle montera entièrement à cheval, les Officiers à la tête : on ne détachera que six Cavaliers à la fois avec un Brigadier ou un Carabinier, & on attendra que les premiers ſoient revenus pour en envoyer d'autres. On aura auſſi attention de faire relever le petit corps-de-garde pendant qu'il ira faire boire, conduit par l'Officier qui le commandera.

On prendra les mêmes précautions en allant à l'abreuvoir, partant du poſte de nuit, ſi ce n'eſt que l'on pourra y envoyer un plus grand nombre de chevaux à la fois, pour que cette opération ſoit plus tôt finie.

CCVII.

LA garde ordinaire étant établie au poſte de nuit, celui qui la commande, après avoir mis des vedettes autour & un petit corps-de-garde en avant, fera mettre pied à terre au reſte de la troupe ou à une partie, ſelon les circonſtances, ayant toûjours au moins un des rangs bridé, dont les Cavaliers tiendront leurs chevaux par la bride, & feront en avant de l'autre rang dont les chevaux feront débridés.

CCVIII.

LES vedettes ſeront toûjours doublées pendant la nuit; & elles ſeront aſſez près les unes des autres, pour qu'il ne puiſſe paſſer perſonne entre elles ſans être entendu.

CCIX.

IL y aura du feu au poſte de nuit des gardes ordinaires, autant que cela ſera poſſible.

CCX.

Patrouilles.

LE Commandant de la garde règlera le temps auquel les Officiers & le Maréchal-des-logis feront tour à tour la patrouille.

CCXI.

CELUI qui devra faire la patrouille, prendra avec lui deux Cavaliers; & après avoir reçû les derniers ordres du Commandant, il partira le piſtolet à la main, ſuivi des Cavaliers ayant le mouſqueton haut, armé & accroché à la bandoulière.

CCXII.

ILS marcheront avec le moins de bruit qu'il ſera poſſible, & feront halte de temps en temps pour écouter.

CCXIII.

CCXIII.

LORSQU'ILS reviendront à la troupe, les vedettes les arrêteront en leur criant *halte-là;* alors un Brigadier escorté par deux Cavaliers viendra les reconnoître, & recevoir le mot de celui qui commandera la patrouille, avec celui du ralliement: après quoi on les laissera rejoindre la garde; & l'Officier rendra compte au Commandant, de ce qu'il aura vû & entendu.

CCXIV.

POUR éviter que les patrouilles soient découvertes, on conviendra d'un signal muet, que l'on donnera aux vedettes & aux patrouilles.

CCXV.

Reprendre le poste de jour.

AU petit point du jour, toute la garde montera à cheval, & y restera jusqu'à ce que la découverte ait été faite.

CCXVI.

LORSQU'IL sera jour, on détachera un Maréchal-des-logis avec quatre Cavaliers, pour aller faire la découverte dans tous les endroits qui lui auront été marqués.

CCXVII.

LA découverte étant faite, le Commandant de la garde fera retirer les vedettes, & marcher pour reprendre le poste de jour, le petit corps-de-garde faisant l'avant-garde; & s'il y a un poste d'Infanterie dans le cas de prendre son poste de jour auprès du sien, il observera d'y marcher ensemble, pour se protéger mutuellement.

CCXVIII.

Visites.

SI le Commandant du camp, le Lieutenant-général de jour, ou le Commandant de la Cavalerie, visitent les gardes ordinaires pendant le jour, elles monteront à cheval, les Cavaliers auront le sabre à la main, le Trompette sonnera, & les Officiers salueront.

CCXIX.

LE Maréchal-de-camp de jour sera reçû comme le Lieutenant-général de jour, excepté que le Trompette ne sonnera pas.

CCXX.

POUR le Brigadier de piquet, les gardes monteront à cheval ſans mettre l'épée à la main, & le Trompette ne ſonnera point.

CCXXI.

CES Officiers viſitant les gardes pendant la nuit, feront reçûs comme par les piquets.

CCXXII.

LE Maréchal-général-des-logis de la Cavalerie aura le droit de viſiter les gardes ordinaires, dont les Commandans exécuteront ce qu'il leur preſcrira de la part du Commandant du camp, ou de celui de la Cavalerie, & il ſera reçû comme le Brigadier de piquet.

CCXXIII.

Paſſage des troupes.

LES gardes ordinaires monteront à cheval, & ſonneront quand il paſſera une troupe à portée d'elles pendant le jour: elles n'en laiſſeront paſſer aucune allant au camp pendant la nuit, quand même elles l'auroient parfaitement reconnue pour être de celles du camp; elles la feront reſter à l'écart, & ne lui donneront paſſage que lorſqu'il ſera grand jour, à moins d'un ordre du Commandant du camp ou du Maréchal-général-des-logis de la Cavalerie.

CCXXIV.

ELLES permettront néanmoins à l'Officier qui commandera cette troupe, s'il a des nouvelles preſſées à donner au Commandant du camp, d'aller chez lui ou d'y envoyer.

CCXXV.

Nouvelles.

SI le Commandant d'une garde ordinaire apprend des nouvelles qui méritent attention, il les écrira, & les enverra par un Cavalier au Maréchal-général-des-logis de la Cavalerie.

CCXXVI.

Deſerteurs.

S'IL ſe préſente des deſerteurs étrangers pour entrer au camp, on les fera conduire par un Brigadier & un Cavalier chez le Commandant du camp: s'il étoit trop éloigné, on les fera garder à vûe après les avoir fait desarmer, & on les lui amènera avec leurs armes & chevaux en descendant la garde.

CCXXVII.

Relever les gardes.

AUCUNE garde ordinaire n'abandonnera son poste, sous quelque prétexte que ce puisse être, qu'après avoir été relevée par une autre, ou par un ordre écrit du Commandant du camp, du Maréchal-général-des-logis de la Cavalerie, ou du Major de brigade, à moins qu'un Officier général de jour ou le Major de brigade ne vienne la retirer lui-même, ou qu'elle ne soit attaquée par une troupe supérieure.

CCXXVIII.

UN Commandant de garde ne pourra refuser de se laisser relever par une autre garde, sous prétexte qu'elle seroit moins nombreuse, ou commandée par un Officier d'un grade inférieur au sien.

CCXXIX.

LES jours de marche, les anciennes gardes attendront les ordres du Général pour rentrer dans leurs régimens ou faire l'arrière-garde; & les nouvelles s'assembleront à l'ordinaire pour suivre le Maréchal-de-camp de jour au campement, & exécuter ses ordres.

CCXXX.

Garde du quartier général.

LA garde du quartier général fournira au Prevôt les Cavaliers dont il aura besoin pour son escorte.

Elle ne montera à cheval pour personne sans un ordre du Commandant du camp, qui lui prescrira ce qu'elle aura à faire.

Son Maréchal-des-logis ira prendre l'ordre chez le Maréchal-général-des-logis de la Cavalerie.

DES VEDETTES.

CCXXXI.

LES vedettes doivent toûjours être mises à portée & en vûe de la garde qui les pose.

CCXXXII.

QUAND elles ont été posées, les Officiers de la garde doivent aller successivement leur faire répéter la consigne.

CCXXXIII.

ELLES doivent se tourner de temps en temps de différens côtés, pour mieux découvrir ce qui se passera autour d'elles, & avertir en appelant ou par signes, quand elles découvrent des troupes ou plusieurs personnes venant de leur côté.

CCXXXIV.

CELLES qui sont doublées ne doivent jamais parler ensemble que pour les cas du service : elles seront tournées de deux côtés opposés ; l'une viendra avertir pendant que l'autre restera pour observer ; & si une des deux deserte, l'autre tirera dessus.

CCXXXV.

LES vedettes doivent toûjours avoir le mousqueton haut & armé, & accroché à la bandoulière.

CCXXXVI.

TOUS Cavaliers qui doivent relever des vedettes, seront conduits par un Brigadier, qui partira de la troupe le sabre à la main, & les Cavaliers le mousqueton haut.

CCXXXVII.

LES Cavaliers qui seront relevés, auront pareillement le mousqueton haut, jusqu'à ce qu'ils aient rejoint la troupe.

CCXXXVIII.

QUAND le Brigadier aura plusieurs vedettes à relever, il commencera toûjours par la plus éloignée, & ramènera ensemble tous les Cavaliers qu'il aura relevés.

CCXXXIX.

LA nouvelle vedette prendra la gauche de la vieille en la relevant, & le Brigadier se tiendra devant elles, pour avoir attention que la consigne soit bien donnée.

DES

DES CAVALIERS D'ORDONNANCE.

CCXL.

IL sera commandé tous les jours deux Cavaliers par brigade, pour être d'ordonnance chez le Commandant de la Cavalerie, aux ordres d'un Brigadier.

CCXLI.

IL y aura aussi deux Cavaliers par brigade, avec un Brigadier d'ordonnance chez le Maréchal-général-des-logis de la Cavalerie.

CCXLII.

LES Brigadiers employés auront chez eux deux Cavaliers tirés de leur brigade, dont ils ne pourront se faire suivre.

CCXLIII.

LORSQUE les Majors de brigade auront des ordres à envoyer, ailleurs qu'aux gardes ordinaires, ils pourront se servir d'un Cavalier du piquet, mais sans pouvoir s'en faire suivre.

DES DÉTACHEMENS.

CCXLIV.

Leur assemblée.

TOUS les détachemens commandés seront formés chacun à la tête du régiment qui le fournira.

CCXLV.

L'OFFICIER major qui en fera l'inspection, visitera les armes & munitions des Cavaliers, en présence des Officiers qui devront commander le détachement: il vérifiera si les Cavaliers auront du pain & de l'avoine pour le temps qui aura été ordonné; & il ne souffrira point de chevaux qui ne soient en bon état.

CCXLVI.

POUR remédier à ce qui pourroit se trouver de manque à cette inspection, il s'y trouvera un Officier; & au défaut d'Officier, un Maréchal-des-logis ou un Brigadier de chaque compagnie.

CCXLVII.

L'OFFICIER major du régiment conduira enſuite les détachemens au centre de la brigade, d'où le Major de brigade, après les avoir viſités, les conduira au rendez-vous indiqué par le Maréchal-général-des-logis de la Cavalerie, auquel il les remettra en lui donnant par écrit le nom des régimens qui auront fourni les différens détachemens, & ceux des Officiers de tous grades qui ſeront attachés à chaque troupe commandée.

CCXLVIII.

Rang des détachemens.

LES détachemens de Cavalerie, de quelque régiment qu'ils ſoient, marcheront entre eux ſuivant le rang de la brigade de laquelle ils auront été tirés; mais les Capitaines commanderont entre eux ſuivant l'ancienneté de leurs commiſſions.

CCXLIX.

Commandement.

L'OFFICIER de grade ſupérieur, ſoit de Cavalerie ou d'Infanterie, commandera par-tout à celui d'un grade inférieur.

CCL.

EN parité de grade, l'Officier de Cavalerie commandera par préférence à celui d'Infanterie, lorſqu'ils ſe trouveront enſemble en campagne.

CCLI.

TOUT Officier qui aura été nommé à l'ordre de l'armée pour commander un détachement compoſé d'Infanterie & de Cavalerie, le commandera pendant tout le temps que ce détachement ſera hors du camp.

CCLII.

LORSQUE l'Officier nommé à l'ordre pour commander un détachement, ſera hors d'état de le ſuivre, le commandement paſſera à un des premiers Officiers qui auront marché avec lui, ſelon ce qui eſt réglé aux articles CCXLIX & CCL.

CCLIII.

Mot de ralliement.

TOUT Officier qui commandera un détachement ſortant du camp, donnera un mot de ralliement à ſa troupe.

C C L I V.

QUAND au retour d'un détachement, il se trouvera à la vûe du camp & en dedans, des gardes ordinaires, l'Officier qui le commandera fera faire halte à son avant-garde, & mettra ses troupes en bataille à mesure qu'elles arriveront, faisant face en dehors du camp. *Retour.*

C C L V.

DÈS que son arrière-garde l'aura joint, il fera défiler devant lui chaque troupe pour retourner à leur camp.

C C L V I.

AVANT de faire défiler, il examinera s'il ne manquera personne, afin de faire châtier les Cavaliers qui se seront absentés.

C C L V I I.

S'IL s'en trouve quelqu'un chargé de maraude, il le fera arrêter & conduire sur le champ au Prevôt.

C C L V I I I.

APRÈS avoir fait l'arrière-garde de tous les détachemens, il ira rendre compte au Commandant du camp, & à celui de la Cavalerie.

S'il est Mestre-de-camp, il ira rendre compte de plus au Brigadier de sa brigade.

Les autres Officiers, depuis le Lieutenant-colonel jusqu'au Cornette, rendront compte de même à leur Brigadier, s'ils ont commandé un détachement en chef, & ensuite au Commandant de leur régiment, à qui ils rendront toûjours compte, quand même ils n'auroient fait que marcher avec leurs troupes, sans avoir de commandement.

C C L I X.

LES détachemens qui rencontreront des troupes ou des Officiers généraux auxquels le salut est dû, en useront à cet égard de même qu'il est dit pour les gardes ordinaires. *Honneurs.*

C C L X.

CHAQUE Commandant de détachement aura soin de

faire décharger les armes des Cavaliers qui le composeront, avant de les faire rentrer dans le camp, comme il a été dit pour les gardes.

DES MARCHES.

CCLXI.

Boute-selle. LORSQU'ON sonnera le boute-selle, les Majors de brigade se rendront promptement auprès du Maréchal-général-des-logis de la Cavalerie, pour recevoir les ordres qu'il aura à leur distribuer.

CCLXII.

LE piquet montera à cheval, & mettra des vedettes à la queue & sur les flancs du camp, comme il a été dit au titre du Piquet.

CCLXIII.

LES Officiers supérieurs de piquet se trouveront pareillement à la tête du camp, ainsi qu'un des deux Majors de piquet, avec les nouvelles gardes & les campemens.

CCLXIV.

CES Officiers suivront le Maréchal-de-camp de jour lorsqu'il se mettra en marche pour aller au nouveau camp.

CCLXV.

A mesure que le Maréchal-de-camp de jour postera chaque garde, le Major de piquet en prendra note, & en remettra l'état au Maréchal-de-camp, & au Maréchal-général-des-logis de la Cavalerie, qui en donnera un état au Commandant du camp & à celui de la Cavalerie.

CCLXVI.

LES Majors sortant de piquet assembleront les détachemens qui seront commandés, soit pour escorter les équipages, soit pour faire l'arrière-garde, ou pour toute autre commission.

Ils rassembleront aussi les vieilles gardes, qui n'ayant pas rejoint leurs corps, devront faire l'arrière-garde, ou en composer une partie.

CCLXVII.

CCLXVII.

Les Officiers des compagnies feront abattre, plier & charger diligemment les tentes.

CCLXVIII.

Les Maréchaux-des-logis veilleront avec les Chefs de chambrée, à ce que chaque Cavalier rassemble son équipage sans se charger de choses inutiles. Ils feront éteindre les feux exactement, & empêcheront que les Cavaliers ne brûlent la paille du camp, à quoi les Commandans des corps veilleront pareillement.

CCLXIX.

L'avant-garde du piquet ira prendre les timbales & les étendards comme il a été dit à l'art. LXXXVII.

CCLXX.

A cheval.

Lorsqu'on sonnera à cheval, les Cavaliers déboucheront pour se mettre en bataille à la tête de leur camp.

CCLXXI.

Lorsque le Major de brigade fera mettre en mouvement le régiment chef de brigade, ceux des autres régimens de la même brigade en feront autant; & ils marcheront ensemble en bataille, environ trente pas à la tête du camp, où ils feront halte.

CCLXXII.

Les Brigades marcheront dans le même ordre qu'elles seront campées.

Dès que la première brigade marchera, les autres exécuteront aussi-tôt les mêmes mouvemens, pour que la ligne se déploie en même temps; à moins que la disposition de la marche n'exige qu'elles partent successivement.

CCLXXIII.

Aucun Officier ne quittera sa troupe pendant la marche, sans la permission du Commandant du régiment.

CCLXXIV.

Les Officiers majors se promèneront de la tête à la queue de leur régiment, pour examiner si tout est en règle, & ils en rendront compte au Commandant du régiment.

CCLXXV.

Cavaliers à leur rang.

LES Cavaliers ne pourront ſortir de leur rang pour s'écarter de la colonne.

CCLXXVI.

ON obligera ceux qui auront des beſoins, à avertir; & on laiſſera avec eux un Brigadier, qui les obligera de rejoindre diligemment.

CCLXXVII.

IL ſera défendu de laiſſer boire les chevaux en marche; les Maréchaux-des-logis des compagnies auront attention de l'empêcher: & à cet effet, au paſſage de chaque gué, le Commandant du régiment laiſſera un Officier, qui ſera relevé ſucceſſivement par un autre Officier de chacune des compagnies ſuivantes.

CCLXXVIII.

Valets.

LES Officiers ne pourront ſe faire ſuivre dans les marches, que par un ſeul valet à cheval, avec un cheval de main; en ce cas ces valets ſe tiendront dans l'intervalle des eſcadrons.

CCLXXIX.

Cavaliers écartés.

SI quelques Cavaliers écartés font du deſordre, on enverra un Officier avec des Cavaliers pour les arrêter.

CCLXXX.

SI un Cavalier eſt rencontré hors de la marche de la colonne, ſans que les Officiers de ſa compagnie aient averti le Commandant du régiment, & celui-ci le Brigadier, celui de ces Officiers qui y aura manqué, ſera reſponſable du deſordre que ce Cavalier aura fait.

CCLXXXI.

LES Officiers, de tel corps que ce ſoit, feront arrêter tout Cavalier qui ne ſera pas à ſa troupe, quand même ſon régiment ne ſeroit pas dans la colonne; & ils le feront conduire à ſon régiment lorſque l'on ſera arrivé au nouveau camp.

CCLXXXII.

Main-forte au Prevôt.

LES Commandans des régimens donneront main-forte au Prevôt, s'ils en ſont requis, & ils concourront avec lui pour empêcher le desordre : ceux des détachemens en feront de même.

CCLXXXIII.

Défense de tirer.

ILS empêcheront que personne ne tire en marche, & feront arrêter les Cavaliers qui auront tiré, lesquels seront envoyés au Prevôt.

CCLXXXIV.

Voitures.

ILS ne souffriront dans les colonnes des troupes, sous tel prétexte que ce puisse être, ni chaise, ni carrosse, ni aucune autre espèce de voitures à roue.

CCLXXXV.

Cris.

ILS empêcheront que personne ne crie, ni *halte,* ni *marche,* & qu'on ne fasse passer aucune parole.

CCLXXXVI.

Haltes.

SI les troupes de la queue d'une colonne ne peuvent suivre la tête, ou qu'il leur arrive quelque accident qui les oblige à s'arrêter, on fera sonner un appel qui sera répété jusqu'à la tête, de régiment en régiment : alors la tête fera halte. Lorsque la queue aura rejoint, elle fera sonner un couplet de la marche qui sera répété par un Trompette de la tête de chaque régiment; après quoi la tête de la colonne se remettra en marche : il sera cependant détaché un Officier pour avertir celui qui commandera la colonne, du sujet pour lequel on se sera arrêté.

CCLXXXVII.

Passage du Commandant.

QUAND le Commandant du camp, ou celui de la Cavalerie, passeront le long d'une colonne de Cavalerie étant en marche ou en halte, les Cavaliers ne mettront point le sabre à la main, & les troupes qui marcheroient ne s'arrêteront pas, mais les Trompettes sonneront & les timbales battront.

CCLXXXVIII.

Arrivée au nouveau camp.

LES régimens en arrivant au nouveau camp, se formeront en bataille à la tête du terrein qui leur sera destiné; & ils n'y entreront que lorsque le Brigadier l'ordonnera.

DES CUIRASSES.

CCLXXXIX.

Tous les Officiers, Maréchaux-des-logis, Brigadiers & Cavaliers, ſeront tenus de porter leurs cuiraſſe & plaſtron toutes les fois qu'ils ſeront commandés ou détachés pour quelque ſervice à cheval ; & nul Officier ne pourra ſe ſervir de cuiraſſe de tôle, ou d'aucune autre fabrique que celles qui ſont ordonnées.

CCXC.

Si quelque Officier commandé ſe trouve au rendez-vous général des gardes, ſans cuiraſſe, les Officiers généraux de jour ou le Commandant de la Cavalerie, l'enverront au camp aux arrêts, & en avertiront le Commandant du camp.

DES E'QUIPAGES.

CCXCI.

Voitures.

La ſuppreſſion des voitures à deux roues, à l'exception des chaiſes, ayant été ordonnée, on ne ſouffrira au camp que des chariots à quatre roues avec un timon, qui ſeront tirés au moins par quatre chevaux attelés deux à deux.

CCXCII.

Les Brigadiers, Meſtre-de-camps, Lieutenant-colonels ou autres anciens Officiers qui pourroient avoir beſoin d'une chaiſe, en demanderont la permiſſion au Commandant du camp, qui la leur donnera par écrit s'il le juge à propos.

CCXCIII.

Il ne pourra y avoir plus d'un Vivandier, un Boulanger & un Boucher à la ſuite de chaque régiment; & ils auront chacun un chariot ſeulement.

CCXCIV.

Nombre de chevaux.

Les Brigadiers & Meſtre-de-camps ne pourront avoir plus de ſeize chevaux d'équipage, y compris l'attelage d'une voiture à quatre roues.

CCXCV.

LES autres Officiers ne pourront avoir un plus grand nombre de chevaux de monture ou de bât, que celui pour lequel ils reçoivent des fourrages, quand Sa Majeſté leur en fait donner.

CCXCVI.

LES Majors des régimens donneront au Commandant du camp, un état exact de ce que chaque Officier aura d'équipage, & de leur eſpèce.

CCXCVII.

CHAQUE Commandant de brigade choiſira entre les Brigadiers des compagnies dont elle ſera compoſée, celui qu'il jugera le plus capable de faire les fonctions de Vaguemeſtre de cette brigade. *Vaguemeſtres.*

CCXCVIII.

IL ſera choiſi de même par le Meſtre-de-camp, dans chaque régiment, un Brigadier pour faire les fonctions de Vaguemeſtre particulier du corps, lequel recevra les ordres du Vaguemeſtre de brigade.

CCXCIX.

LA veille de chaque jour de marche, les Vaguemeſtres de brigade prendront l'ordre du Maréchal-général-des-logis de la Cavalerie, ſur l'heure & le lieu où les équipages devront être conduits le lendemain; & ils le rendront aux Vaguemeſtres des autres régimens de leur brigade.

CCC.

LES Vaguemeſtres des régimens diſpoſeront les équipages de leurs régimens en file, ſuivant le rang des eſcadrons & celui des compagnies dans l'eſcadron.

CCCI.

LES Vaguemeſtres des régimens ne ſouffriront point qu'aucun bagage ſe mette en marche que le Vaguemeſtre de la brigade ne ſoit venu l'ordonner; ce que les Vaguemeſtres de brigade ne feront point que le Maréchal-général-des-logis de la Cavalerie n'en ait envoyé l'ordre.

CCCII.

LES Vaguemeſtres feront arrêter tout charretier &

conducteur de bagages, qui se sera mis en marche avant l'heure ordonnée.

CCCIII.

Fanion.

Il y aura à chaque régiment un étendard nommé *Fanion*, qui sera porté par un des Valets que le Major choisira. La banderole du fanion sera d'un pied en carré, & d'étoffe de laine des couleurs affectées au régiment, dont le nom y sera écrit.

CCCIV.

Marche des bagages.

Lorsque le Vaguemestre de brigade aura reçû l'ordre pour marcher, il fera mettre en marche le bagage de chaque régiment, suivant le rang que le régiment tiendra dans la brigade.

CCCV.

Le bagage du Brigadier marchera à la tête des équipages de la brigade, & devant ceux des régimens qui la composeront.

CCCVI.

Le Vaguemestre de chaque brigade en conduira les équipages pendant la marche, en suivant exactement les guides qui conduiront la colonne, & sans les devancer.

CCCVII.

Il fera arrêter tous les Valets qui voudroient passer devant le fanion de leur régiment, à la suite duquel ils resteront rassemblés, à l'exception de ceux qui marcheront avec leurs maîtres dans les divisions.

CCCVIII.

Il veillera à ce que chaque Vaguemestre particulier fasse son devoir, & à ce que l'ordre soit ponctuellement exécuté.

CCCIX.

Chacun des Vaguemestres particuliers des régimens, sera assidu pendant la marche auprès des bagages de son régiment, & tiendra la main à les faire avancer & suivre dans le rang où il les aura mis.

CCCX.

Il sera commandé un détachement pour escorter chaque colonne d'équipage; & l'Officier qui la commandera devant être instruit de l'ordre de la marche, aura soin de faire observer exactement ce qui aura été ordonné, & de faire arrêter qui que ce soit qui voudra croiser la file.

CCCXI.

On ne donnera aucune escorte armée à l'équipage particulier de qui que ce puisse être, & on n'y enverra aucun Cavalier : en cas de contravention, le Major du corps dont sera l'escorte, en rendra compte au Commandant de la brigade & au Maréchal-général-des-logis de la Cavalerie.

CCCXII.

Les Valets se tiendront, dans les marches, à l'équipage de leurs maîtres, & les Vivandiers, où ils devront être sans s'écarter à droite ni à gauche.

CCCXIII.

Les équipages qui se seront arrêtés pour quelque cause que ce soit, ne pourront reprendre la file qu'à la queue des équipages de leur régiment ou de leur brigade; & si ceux de leur brigade étoient passés avant qu'ils fussent en état de marcher, ils seront obligés d'attendre que tous les équipages de la colonne soient passés, pour en prendre la queue.

CCCXIV.

Aucun charretier ni conducteur de bagage, ne coupera ni devancera l'équipage qui le précédera, à moins que celui-ci ne puisse pas suivre la colonne.

CCCXV.

Ceux qui contreviendront à ce qui est prescrit ci-dessus pour l'ordre de la marche des bagages, seront punis suivant la rigueur des ordonnances.

CCCXVI.

Les menus équipages marcheront dans le même ordre que les gros, lorsqu'ils en seront séparés : en ce cas, outre l'efcorte qui marchera avec les gros équipages, on commandera un Brigadier par brigade, pour contenir les Valets qui feront aux menus équipages.

DES FOURRAGES.

CCCXVII.

LORSQU'IL y aura un fourrage commandé, il fera configné dès la veille aux fentinelles de nuit tirés de la garde des étendards, de ne laiffer fortir du camp aucuns Cavaliers ni domeftiques fans la permiffion du Capitaine de piquet; & cette configne fera renouvelée à ceux de la nouvelle garde qui les relèveront.

CCCXVIII.

DÈS que le nouveau piquet aura été affemblé le matin à la tête du camp, il pofera à la queue & fur les flancs, des vedettes qui auront la même configne.

CCCXIX.

LES Officiers du piquet fe promèneront à cheval autour du camp, pour voir fi ces vedettes feront leur devoir, & s'il ne fortira perfonne du camp.

CCCXX.

ON commandera, dès le foir, les gardes & les petites efcortes pour le fourrage du lendemain.

CCCXXI.

LES gardes deftinées à former la chaîne, feront conduites au rendez-vous, à l'heure indiquée, par un Officier major de chaque brigade.

CCCXXII.

LES petites efcortes feront d'un Cavalier par compagnie, & commandées par un Capitaine, avec un Trompette pour raffembler les fourrageurs en cas de befoin.

CCCXXIII.

ELLES marcheront chacune avec les fourrageurs de leur régiment, jufque dans l'enceinte défignée pour le fourrage.

CCCXXIV.

CCCXXIV.

Les fourrageurs marcheront dans le même ordre que les troupes ſont campées.

CCCXXV.

Les Majors de brigade & de chaque régiment, doivent conduire les fourrageurs de leur brigade au rendez-vous du fourrage.

CCCXXVI.

Le Brigadier conduira auſſi ceux de ſa brigade, & le Meſtre-de-camp & le Lieutenant-colonel ceux de leur régiment.

CCCXXVII.

Il y aura toûjours un Officier à la tête des fourrageurs de chaque compagnie, pour les contenir ainſi que les valets des Officiers de la compagnie.

CCCXXVIII.

Lorsque le Brigadier ou Meſtre-de-camp commandant les fourrageurs de chaque brigade, aura permis de les laiſſer débander, & qu'ils auront mis pied à terre, les petites eſcortes ſeront raſſemblées ou diſperſées, ſelon que le Commandant du fourrage ou de la brigade l'ordonnera.

CCCXXIX.

Les petites eſcortes ne ſe retireront qu'après que les fourrageurs de la brigade ſe ſeront retirés; & le Commandant de la brigade les ramènera avec ordre, à la ſuite des fourrageurs de la brigade, qui ſeront accompagnés de leurs Officiers.

DES DISTRIBUTIONS.

CCCXXX.

Lorsqu'il y aura des diſtributions à faire, les Cavaliers de chaque régiment y ſeront conduits en bon ordre, par un Officier major.

CCCXXXI.

Cet Officier aura attention à ce que la diſtribution

ſoit faite en règle, & donnera ſon reçû de ce qui aura été fourni.

CCCXXXII.

IL ſe concertera avec le Commiſſaire des guerres qui ſera préſent, pour lever les difficultés qui pourroient ſurvenir, & s'abſtiendra de toutes voies de fait.

CCCXXXIII.

SI le Commiſſaire des guerres & l'Officier major ne s'accordoient pas ſur la manière de terminer les difficultés ſurvenues, l'Officier major en rendra compte au Major de brigade, & celui-ci au Maréchal-général-des-logis de la Cavalerie, & le Commiſſaire des guerres à l'Intendant.

CCCXXXIV.

L'OFFICIER chargé de ce détail ne ſe préſentera point à la diſtribution, qu'il n'ait un état exact du nombre des rations qu'il aura à demander pour le régiment, compagnie par compagnie.

CCCXXXV.

IL ſe rendra d'abord où le Commis principal tiendra le bureau; & celui-ci lui donnera un Commis particulier pour le conduire avec ſa troupe au lieu où la diſtribution devra être faite.

CCCXXXVI.

IL ſera fait mention ſur les reçûs, des quantités qui auront été délivrées pour chaque compagnie & pour l'Etat-major.

CCCXXXVII.

LE même ordre s'obſervera à toutes les diſtributions, de quelque eſpèce qu'elles ſoient.

CCCXXXVIII.

ON chargera, autant qu'il ſe pourra, le même Officier d'aſſiſter toûjours à la même eſpèce de diſtribution.

CCCXXXIX.

LES diſtributions ſe feront à chaque régiment, dans le rang qui aura été preſcrit à l'ordre.

22. juin 1755.
55

DE LA DISCIPLINE & Police du Camp.

CCCXL.

Prendre les armes.

AUCUN régiment ne prendra les armes fans la permiffion du Commandant du camp, à moins qu'il ne lui foit ordonné par un Officier général de jour, le Commandant ou le Maréchal-général-des-logis de la Cavalerie. Si c'eft par l'ordre d'un Officier général de jour, le Major de brigade en avertira fur le champ le Maréchal-général-des-logis de la Cavalerie, & fon Brigadier.

CCCXLI.

Uniforme des Officiers.

TOUS les Officiers porteront les habits uniformes de leur régiment. Ils ne monteront point de chevaux qui n'aient auffi des houffes de cet uniforme; & ne paroîtront point chez le Commandant du corps, ni aucun autre Officier fupérieur, fans être bottés.

CCCXLII

Campemens des Officiers.

LES Brigadiers qui ne commanderont point de brigade, camperont régulièrement, ainfi que les Meftre-de-camps & autres Officiers, chacun à leur régiment & compagnie.

CCCXLIII.

LES Officiers majors camperont pareillement à leur régiment, à l'exception des Majors de brigade, lorfqu'il leur aura été marqué un logement dans le terrein de leur brigade.

CCCXLIV.

Abfence des Officiers.

AUCUN Officier ne pourra s'abfenter du camp, ni même en découcher, quand ce ne feroit que pour un jour, fans la permiffion par écrit du Commandant du camp; & on s'adreffera au Commandant de la Cavalerie pour avoir cette permiffion, après l'avoir obtenue du Commandant du corps.

CCCXLV.

Bans.

A l'arrivée des troupes au camp, on fera battre des bans pour publier les défenfes ci-après, fous les peines portées par les ordonnances, ou celles qui seront ordonnées par le Commandant du camp, s'il juge à propos d'en infliger de plus sévères.

CCCXLVI.

Défenses. Il sera défendu de rien prendre dans les maisons voisines du camp, ni dans aucun autre lieu, de cueillir aucuns fruits, herbages ni légumes dans les jardins ni dans les champs, de couper aucun arbre fruitier ou autre, ni aucune haie, & d'entrer dans les vignes.

CCCXLVII.

Chasse & pêche. Il sera pareillement défendu à tous Officiers, Cavaliers & Valets, de chasser & de pêcher: les Commandans des corps puniront ceux qui y contreviendront, & en rendront compte au Commandant du camp.

CCCXLVIII.

Vivres. Mesmes défenses seront faites aux Cavaliers & à tous autres, de prendre quoique ce puisse être aux paysans & autres personnes qui apporteront des vivres & autres denrées au camp, soit à titre de rétribution ou autrement, ni de leur faire aucun tort ou violence, même d'aller au-devant d'eux, soit pour prendre ces vivres en les taxant arbitrairement, ou pour les choisir avant qu'ils soient arrivés au lieu qui sera désigné pour servir de marché, ni de donner aucun empêchement aux moulins; le tout pour quelque cause & sous quelque prétexte que ce puisse être.

CCCXLIX.

Qui que ce soit qui se trouvera chargé de hardes ou ustensiles prises en maraude, sera arrêté & envoyé au Prevôt.

CCCL.

Vivandiers. Les Majors ne souffriront point qu'aucuns autres Vivandiers que ceux de leur régiment, s'établissent dans le terrein qu'il occupera.

CCCLI.

Gens sans aveu. Ils ne souffriront point non plus qu'il y ait aucuns gens sans aveu à la suite des corps.

CCCLII.

57
CCCLII.

NUL Cavalier ne pourra aller camper au quartier général ni ailleurs que dans le terrein de ſon régiment, pour faire aucun métier ou commerce. *Commerce.*

CCCLIII.

ILS ne pourront auſſi aller au quartier général ſous prétexte d'acheter des vivres, ſans une permiſſion par écrit de leur Capitaine, ſignée du Major du régiment; laquelle permiſſion ne pourra être accordée que pour les heures qui ſeront réglées par le Commandant du camp.

CCCLIV.

LES Cavaliers ne pourront rien vendre dans le camp ſans une permiſſion par écrit du Major de leur régiment.

CCCLV.

IL ſera défendu aux Cavaliers de paſſer les gardes établies autour du camp, ſans un congé dans la forme preſcrite par les ordonnances: ceux qui ſe trouveront hors des gardes, ſans même y avoir fait de deſordre, ſeront arrêtés & punis comme deſerteurs; & on les punira comme voleurs s'ils ſe trouvent avoir commis du deſordre. *Paſſer les gardes.*

CCCLVI.

LES Meſtre-de-camps ou Commandans des corps ne pourront permettre à aucuns Cavaliers de paſſer les gardes du camp, à moins que les congés qu'ils leur donneront ne ſoient approuvés du Commandant de la Cavalerie, qui en demandera la permiſſion au Commandant du camp.

CCCLVII.

S'IL arrivoit qu'on arrêtât aux environs du camp quelque Cavalier qui eût découché ſans que ſon Capitaine en eût averti, le Capitaine ſera interdit & payera le deſordre fait par le Cavalier arrêté; & le Commandant du régiment en ſera reſponſable.

CCCLVIII.

IL ſera défendu aux Cavaliers de mettre l'épée à la main dans le camp & aux environs. *Mettre l'épée à la main.*

CCCLIX.

Balles & plomb. ILS ne pourront tirer ni avoir aucune balle, plomb à giboyer, ou moule pour en couler.

CCCLX.

EN arrivant au camp, les Officiers feront en présence des Commandans des corps, une visite exacte des armes & équipages des Cavaliers de leur compagnie; feront décharger les armes avec un tire-bourre, ou, si cela ne se peut, les feront tirer devant eux en prenant toutes les précautions nécessaires pour qu'il n'en arrive pas d'accident; & ils prendront toutes les balles & autre plomb que les Cavaliers pourront avoir.

CCCLXI.

LORSQU'IL sera nécessaire de faire décharger les armes, on y procédera de la même manière en présence d'un Officier, entre neuf & dix heures du matin.

CCCLXII.

A la séparation du camp, les Officiers rendront aux Cavaliers les balles qu'ils leur auront ôtées.

CCCLXIII.

LORSQU'ON assemblera les gardes ordinaires & autres détachemens, il sera donné trois balles à chaque Cavalier commandé pour lesdites gardes & détachemens, par le Maréchal-des-logis de leur compagnie, qui aura attention de se faire rendre ces balles au retour des gardes & détachemens.

CCCLXIV.

Uniforme des Cavaliers. IL sera défendu à tous Cavaliers de se travestir, ni porter d'autres habits que les uniformes des régimens dont ils seront, même de retourner leur juste-au-corps, sous quelque prétexte que ce puisse être, ni de prêter leurs habits uniformes à des Cavaliers, Dragons ou Soldats d'autres régimens.

CCCLXV.

Jeux. LES Commandans des corps tiendront la main à ce qu'il ne soit établi dans le camp ni aux environs, aucun jeu de hasard, sous quelque nom qu'il puisse être déguisé;

x feront mettre en prison, tant ceux qui auront donné à
ouer, que les Officiers qui auront joué.

CCCLXVI.

LES Officiers & Maréchaux-des-logis de piquet visiteront le temps en temps les lieux où les Cavaliers pourroient enir des jeux dans le voisinage du camp; & ils enverront les patrouilles pour arrêter ceux qui se trouveront en contravention.

CCCLXVII.

Cris défendus.

LE terme d'*alerte* sera interdit pour faire prendre les armes; & les Officiers & Maréchaux-des-logis tiendront la main à ce que l'on se serve de celui d'appeler *aux armes.*

CCCLXVIII.

Envoi au Prevôt.

LORSQUE les Majors des régimens enverront quelque Cavalier ou Valet au Prevôt, ils marqueront sur un billet le sujet pour lequel ils y seront envoyés.

CCCLXIX.

Deserteurs étrangers.

AUCUN Officier ne pourra engager un deserteur venant du pays étranger, qu'après qu'il en aura obtenu la permission du Commandant du camp : il ne pourra aussi acheter les armes & les chevaux des deserteurs sans la permission du Commandant de la Cavalerie.

CCCLXX.

Chevaux perdus.

LES chevaux qui seront trouvés sans maîtres ou sans conducteurs, dans le camp ou aux environs, seront conduits chez le Prevôt, qui les rendra à qui ils appartiendront.

CCCLXXI.

ON restituera de même, sans rien payer, ceux qui ayant été volés ou perdus, seront réclamés par leurs maîtres, quand même ils auroient été vendus par ceux qui les auroient volés ou trouvés; devant être défendu à qui que ce puisse être, d'acheter des chevaux que d'une personne connue.

CCCLXXII.

Compte à rendre.

LES Majors des régimens rendront compte exactement

à leur Commandant & à leur Brigadier, de tout ce qui s'y passera de contraire à la discipline, & des punitions qui auront été ordonnées; & les Brigadiers en rendront compte au Commandant de la Cavalerie, qui de son côté informera le Commandant du camp de tout ce qui méritera attention.

CCCLXXIII.

LES Commandans des corps seront responsables des contraventions qui s'y commettront sur le fait de la discipline, & les Capitaines le seront pareillement envers eux de celles de leur compagnie.

FAIT à Versailles, le vingt-deux juin mil sept cent cinquante-cinq. *Signé* M. P. DE VOYER D'ARGENSON.

www.ingramcontent.com/pod-product-compliance
Ingram Content Group UK Ltd.
Pitfield, Milton Keynes, MK11 3LW, UK
UKHW021648260726
13994UKWH00003B/1347